AF588306

La migración de la ballena gris

Grace Hansen

Abdo Kids Jumbo es una subdivisión de Abdo Kids
abdobooks.com

abdobooks.com

Published by Abdo Kids, a division of ABDO, P.O. Box 398166, Minneapolis, Minnesota 55439.

Abdo Kids Jumbo™ is a trademark and logo of Abdo Kids.

Printed in China

052024

092024

Spanish Translator: Maria Puchol

Photo Credits: Alamy, BluePlanet Archive, iStock, Minden Pictures, Shutterstock

Production Contributors: Teddy Borth, Jennie Forsberg, Grace Hansen
Design Contributors: Dorothy Toth, Pakou Moua

Library of Congress Control Number: 2023950221

Publisher's Cataloging-in-Publication Data

Names: Hansen, Grace, author.

Title: La migración de la ballena gris/ by Grace Hansen

Other title: Gray whale migration. Spanish

Description: Minneapolis, Minnesota: Abdo Kids, 2025. | Series: La migración animal | Includes online resources and index

Identifiers: ISBN 9798384902041 (lib.bdg.) | ISBN 9798384902607 (ebook)

Subjects: LCSH: Gray whale--Juvenile literature. | Gray whale--Behavior--Juvenile literature. | Animal migration--Juvenile literature. | Animal migration--Climatic factors--Juvenile literature. | Spanish language materials--Juvenile literature.

Classification: DDC 599.522--dc23

Contenido

La ballena gris

Hay ballenas grises en el océano Pacífico y en el Atlántico. Una población numerosa de ellas vive en el este del océano Pacífico.

Al sur a pasar el invierno

Estas ballenas grises del este del Pacífico viven en las costas de Alaska. Hay alrededor de 24,000 miembros en este grupo. Cada octubre **migran** al sur hacia México.

Alaska
N
W
E
S
México

Las ballenas grises pueden **migrar** alrededor de 75 millas al día (121 km). En un año se desplazan alrededor de 13,000 millas (21,000 km). Se cree que es la migración más grande entre los animales **mamíferos**.

Estas ballenas llegan a México a finales de diciembre. El agua es más cálida en las costas de México. Es el lugar perfecto para que nazcan sus crías.

Las hembras embarazadas buscan **lagunas** poco profundas. Las lagunas están calientes. Además son lugares protegidos de tiburones y otros **depredadores**.

Nace sólo una cría cada vez y al nacer mide alrededor de 13 pies de largo (4 m). Se alimentan de la leche de la madre.

De vuelta a casa para alimentarse

En la primavera comienza la **migración** de vuelta a Alaska. Los machos y las hembras recién embarazadas son las primeras en iniciar la marcha al norte.

Las madres y sus nuevas crías se quedan uno o dos meses más. Las crías necesitan ganar peso en **grasa** antes de hacer este largo viaje.

Es muy importante volver a Alaska, donde las ballenas grises se alimentan. Tienen que ganar mucho peso para prepararse para su próxima **migración** al sur.

Ruta migratoria de la ballena gris

Alaska

Canadá

N
W
E
S

océano
Pacífico

Estados Unidos

México

hogar de verano

hogar de invierno

– – – – ruta

Glosario

depredador - animal que caza otros animales para comérselos.

grasa - capa de aceite que producen en la piel las ballenas y otros mamíferos marinos.

laguna - depósito poco profundo de agua salada cerca de la costa.

mamífero - animal de sangre caliente, con esqueleto y pelo en la piel. Las hembras cuando son madres producen leche para alimentar a sus crías.

migrar - desplazarse de un lugar a otro por el clima, para buscar alimento o por otras razones importantes.

Índice

¡Visita nuestra página **abdokids.com** para tener acceso a juegos, manualidades, videos y mucho más!

Los recursos de internet están en inglés.

Usa este código Abdo Kids

AGK2330

¡o escanea este código QR!